趣味歷史繪本

100 歷史大人物

陳麗華◎主編　冷忠河◎繪

中 華 教 育

出身名門的詩人，因壯志難酬竟以身殉國；

屢立戰功的將軍，居然一輩子都沒有封侯；

默默無聞的皇子，最後「逆襲」成為明君……

這到底都是怎麼回事呢？

帶你認識歷史上赫赫有名的百餘位大人物——

聽李白、杜甫吟詩作對，

看飛燕、玉環長袖善舞，

認識魏、蜀、吳三國群英，

縱覽一代天驕成吉思汗的戎馬生涯……

展現古代大人物的事跡，

還原一段段風起雲湧的崢嶸歲月，

讓你徜徉在歷史的長河裏，收獲別樣的震撼與感動。

　　《100歷史大人物》選取比較有代表性，且對歷史走向有重大貢獻或影響的一百餘位大人物，根據他們之間複雜的、多種類型的關係，來橫向展現這些歷史人物的特點，飽含趣味，幫助孩子更宏觀地理解歷史。當然，浩瀚五千年的風雲人物遠不止這些，希望這本書能成為孩子興趣的起點，讓閱讀變得生動活潑、異趣橫生。

目錄

驍勇善戰的名將 … 20

才智無雙的軍師 … 18

妙手仁心的醫者 … 16

誨人不倦的名師 … 14

清官與佞臣 … 12

「反面角色」和他們的終結者 … 10

逆轉劣勢的「黑馬」 … 8

亂世爭權，誰是勝者 … 6

丟了江山的皇帝 … 4

坐擁天下的帝王 … 2

人物匯總 … 38

傳說中的上古大神 … 36

機智過人的神童 … 34

傾國傾城的美人 … 32

人見人愛的才子佳人 … 30

巾幗不讓鬚眉 … 28

不屈不撓的英豪 … 26

創造歷史的發明家 … 24

名揚天下的文豪 … 22

坐擁天下的帝王

統一六國的**秦始皇**

秦始皇名政，是中國古代第一個完成統一大業的皇帝。他認為自己的功績超過三皇五帝，就取三皇五帝中的「皇帝」二字自封。

開拓疆域的**漢武帝**

漢武帝劉徹，是西漢著名的皇帝之一。他採取對外擴張政策，開闢了絲綢之路，使西漢的國力達到鼎盛，同時，他在思想方面「罷黜百家，獨尊儒術」。

秦始皇

漢武帝

隋文帝

承上啟下的**隋文帝**

隋文帝楊堅結束了自西晉以來各地分裂割據的局面，建立了承接南北朝和唐朝的統一王朝——隋朝。

開創盛世的**唐太宗**

唐太宗李世民，是中國古代歷史上極為有名的仁君之一，他開創了「貞觀之治」，使唐朝成為當時世界上最強盛的國家之一，被各族人民稱為「天可汗」。

女皇**武則天**

中國古代歷史上第一位，也是唯一一位女皇帝。

康熙皇帝

愛新覺羅・玄燁，8歲登基，14歲親政，在位六十多年，是中國古代歷史上在位時間最長的皇帝。

「一代天驕」**成吉思汗**

能征善戰的草原英雄鐵木真是蒙古汗國的可汗，「成吉思汗」是他的尊號。

「草根」出身的**明太祖**

明太祖朱元璋小時候是個放牛郎，還當過和尚。後來他參加了反抗元朝的起義軍，率領部下一統天下，建立了明朝。

丟了江山的皇帝

殘暴不仁的 商紂王

商紂王即位後，對外不斷發動戰爭，對內擲重金修建專供他享樂的「酒池肉林」，並且沉湎於酒色，殘暴不仁，終於惹得民怨沸騰，眾叛親離。最後，商朝被周武王所滅，商紂王在鹿台自焚。

周幽王 烽火戲諸侯

周幽王為博取美人褒姒（sì）一笑，點燃烽火，戲弄諸侯。褒姒看了果然哈哈大笑。幽王為此很高興，又多次點燃烽火，諸侯都不相信了，也就漸漸不來了。後來，犬戎等軍隊攻破鎬（Hào）京，殺死周幽王，西周滅亡。

軟弱無能的 秦二世

秦二世即位後，朝政大權被趙高牢牢把持，秦二世淪為傀儡。後來秦二世被趙高所殺，秦朝不久便滅亡了。

好大喜功的**隋煬帝**

隋煬帝楊廣好大喜功、荒淫無道，為修大運河而大興土木、勞民傷財，導致天下大亂，隋朝滅亡。

有才無德的**宋徽宗**

宋徽宗很喜歡書畫等藝術，還獨創了「瘦金體」書法，但他重用奸臣蔡京，導致朝廷越來越腐敗，北宋政權危機四伏。後來發生靖康之變，金兵攻入北宋都城，擄走了宋徽宗及其兒子宋欽宗，北宋滅亡。

無力回天的**崇禎**

崇禎是明朝的最後一任皇帝，曾六下罪己詔。雖然勤政，但他生性多疑，無法挽救衰微的明王朝。後來李自成率軍攻破北京，崇禎在煤山自縊身亡。

亂世爭權，誰是勝者

春秋五霸

春秋時期，周王室勢力衰微，權威不再，一些強大的諸侯國為了爭奪天下，進行了激烈的爭霸戰爭。其中有五位諸侯的力量最強大，並先後稱霸。五霸指誰有多種說法。《荀子·王霸》以齊桓公、晉文公、楚莊王、吳王闔閭、越王勾踐為五霸。

戰國七雄

戰國七雄是指戰國時期七個最強大的諸侯國，它們分別是：齊國、楚國、燕國、韓國、趙國、魏國、秦國。

劉邦與項羽

秦朝末年，為了反抗暴政，各地英豪紛紛起義，其中最有名的是劉邦領導的漢軍和項羽領導的楚軍。

從小吏到皇帝
起初只是沛縣的亭長，憑藉張良、韓信、蕭何等人的幫助，最終在爭奪天下的戰爭中取得勝利，建立了西漢。

不可一世的霸王
楚國名將項燕之孫，天生力大無窮，軍事才能突出，自封為「西楚霸王」，是劉邦最強勁的對手。

大唐王朝終結者
朱溫因為鎮壓起義有功，被唐僖宗賜名「全忠」。後來他用武力奪取帝位，成為五代的第一位皇帝。

李克用與朱溫

朱溫和李克用都是五代十國時期的名將，兩人曾經一起鎮壓黃巢起義。在一次宴會上，朱溫趁李克用酒後不備，想暗殺他，卻被李克用逃脫，從此二人成為仇家。

異軍突起的沙陀人
沙陀人李克用是唐末河東節度使，後被封為晉王。他雖有一目失明，但武藝十分高強。

曹操、劉備和孫權

東漢末年，天下大亂，逐漸形成「三足鼎立」之勢。曹操領導的曹魏集團、劉備領導的蜀漢集團，以及孫權領導的東吳集團先後建國，也就是後來人們說的「三國」。

賣草鞋的劉皇叔
漢室皇族後裔劉備，人稱「劉皇叔」，《三國演義》中描寫他落魄時曾賣過草鞋，還和關羽、張飛「桃園三結義」。

亂世梟雄
曹操，唯才是舉，奠定了曹魏政權立國的基礎。

坐鎮一方
繼承父兄遺志的孫權，統御江東集團。

逆轉劣勢的「黑馬」

勵精圖治的齊桓公

公子小白，春秋五霸之一，在前任齊國國君去世後，與哥哥爭奪王位，最終勝出。後來齊桓公任命管仲為相，勵精圖治，成為一代霸主。

臥薪嘗膽的越王勾踐

越王勾踐曾被吳王夫差打敗，但他多年臥薪嘗膽，採取了一系列措施富國強兵，最終戰勝了夫差，成功復仇。

從流亡公子到晉文公

春秋時期晉國的公子，名重耳，曾在外流亡 19 年，回國後登上王位，即晉文公。憑藉過人的才能與政治手段，他使晉國稱霸中原，成為春秋五霸之一。

寒食節
據説是為了紀念晉文公的大臣介子推而設立的。介子推曾割自己的肉給晉文公吃。

仁厚賢德的漢文帝

劉恒是劉邦的庶子，因不受寵而被封到偏遠的地方。後來漢惠帝和呂后相繼去世，劉恒被大臣迎回即位，史稱漢文帝。

能征善戰的明成祖

朱棣是朱元璋的兒子，能征善戰，手握兵權。朱元璋將皇位傳給了皇太孫朱允炆，朱棣發動靖難之役，起兵攻打朱允炆，並取得勝利。1402 年，朱棣在南京稱帝，史稱明成祖。

兢兢業業的雍正

清朝康熙皇帝的兒子很多，其中多位參與了皇位的爭奪，但最後勝出的卻是不那麼張揚的雍正。雍正登基後勵精圖治，對「康乾盛世」起到了承上啟下的作用。

「反面角色」和他們的終結者

夏桀與 商湯

桀是夏朝最後一任君王，也是歷史上著名的暴君。據說桀力大無窮，能空手拉直鐵鉤。他十分寵愛美女妹喜，為了給她建造豪華的宮殿，強迫百姓無休止地工作，還殺害勸諫他的忠臣。後來桀眾叛親離，被商湯打敗，出奔南巢。

商湯也叫成湯，是商朝開國君主。他在名相伊尹等人的輔佐下，起兵反抗夏桀的暴政，最終滅了夏朝，建立商朝。

商紂王與 周武王

西伯侯姬昌被紂王抓進大牢，後來他的大臣進獻了很多財寶和美女給紂王，他才免除了牢獄之災，回到自己的封地——周。商紂王無道，各地諸侯擁戴姬昌稱王。周文王去世後，他的兒子姬發子承父業，為周武王，重用太公望（姜子牙）、周公旦等人，周日益強盛。

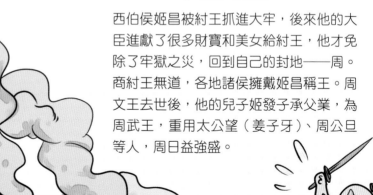

> **紅顏禍水**
> 妲己是商紂王的寵妃，據說她蠱惑商紂王，讓他幹了很多壞事，比如設計「炮烙」之刑，挖去忠臣比干的心等。周武王討伐商朝，商朝大敗，商紂王和妲己在鹿台自焚。

王莽與光武帝

王莽代漢稱帝，建立了新朝。當上皇帝的王莽多次改變幣制、官制，其治下法令苛細，賦役繁重，導致民不聊生，怨聲載道。劉秀是漢高祖劉邦的九世孫。王莽即位後天下大亂，最終劉秀平定了叛亂，建立東漢，史稱光武帝。

董卓與呂布

董卓是東漢末年的軍閥、權臣，利用戰亂和朝廷勢弱佔據京城，廢漢少帝，立漢獻帝，挾天子以號令諸侯，導致東漢政權名存實亡。

呂布是三國時期最勇武的將領之一，也是董卓的義子。後來王允設反間計，挑撥呂布殺死了董卓。

清官與佞臣

魏徵——唐太宗的「鏡子」

魏徵是唐太宗時期的名臣，以耿介直言著稱，他輔佐唐太宗開創了「貞觀之治」的繁榮局面。

林則徐 虎門銷煙

清朝重臣林則徐曾在虎門銷毀鴉片，抵禦英國對清朝的毒品腐蝕。

趙高——加速秦朝滅亡的人

趙高與李斯合謀偽造秦始皇遺詔，扶持胡亥為帝。他仗着秦二世胡亥的寵信為非作歹，將秦朝推向末路。他曾在朝堂上公然指鹿為馬，並以此甄別、殺害了很多反對他的人。

秦檜——岳飛的「死對頭」

南宋宰相秦檜，在朝中結黨營私、排除異己、陷害忠良。他唆使宋高宗以「莫須有」的罪名除掉岳飛，是中國歷史上著名的奸臣之一。

于謙——要留清白在人間

明朝大臣于謙為官清廉正直，可以說是兩袖清風。他在戰亂中保家衛國、重振朝綱。

包拯——鐵面無私包青天

北宋重臣包拯廉潔公正、鐵面無私，敢於替百姓申冤，有「包青天」「包公」等美名。

魏忠賢——壟斷朝政的「九千歲」

魏忠賢是明朝末期宦官，因極受寵信，被稱為「九千歲」。他排除異己，專斷國政，以致人們一度「只知有忠賢，而不知有皇上」。

和珅——清朝第一大貪官

和珅初為官時精明幹練，很快贏得了乾隆的寵信。隨後他利用職務之便結黨營私，聚斂錢財，打擊政敵。乾隆的兒子嘉慶即位後，下旨將和珅革職下獄。據說和珅聚斂的財富超過了清朝政府十五年財政收入的總和。

誨人不倦的名師

萬世師表——孔子

孔子，名丘，字仲尼，春秋時期魯國人，中國古代著名思想家、教育家，儒家學派創始人。他開創了私人講學的風氣，宣導仁、義、禮、智、信。孔子曾周遊列國，晚年修訂六經（《詩》《書》《禮》《樂》《易》《春秋》）。孔子去世後，弟子將其言行和思想記錄下來，整理編成了儒家經典——《論語》。孔子的思想對中國和世界都有深遠的影響。

民貴君輕
孟子懷着政治抱負周遊列國。他受到了當權者的款待，但當權者對他的政治主張往往「顧左右而言他」。

亞聖——孟子

孟子，名軻，戰國時期鄒國人，中國古代著名思想家、教育家，儒家學派的代表人物之一。孟子宣揚「仁政」，最早提出「民貴君輕」的思想。

道家祖師——老子

老子，姓李名耳，春秋時期人，中國古代著名思想家、哲學家和文學家，道家學派創始人。據說老子騎着青牛出函谷關雲遊四方之前，將畢生所學著成《道德經》，交給了把守函谷關的長官尹喜。

不一樣的哲學家——莊子

莊子，名周，戰國時期宋國人，中國古代著名的思想家、哲學家和文學家，是繼老子之後道家學派的代表人物之一。莊子想像力極為豐富，語言運用自如，能把一些晦澀的哲理說得引人入勝，他的作品被稱為「文學的哲學、哲學的文學」。

墨家學派創始人——墨子

墨子，名翟（dí），春秋末期戰國初期宋國人，中國古代著名思想家、教育家，墨家學派的創始人。墨子提出了「兼愛」「非攻」等觀點。

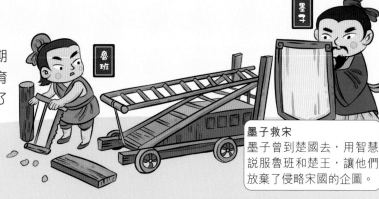

墨子救宋
墨子曾到楚國去，用智慧說服魯班和楚王，讓他們放棄了侵略宋國的企圖。

儒學集大成者——朱熹

朱熹，宋朝著名的理學家、教育家、詩人，儒學集大成者，被世人尊稱為朱子。

決定歷史走向的 董仲舒

董仲舒提出「罷黜百家，獨尊儒術」的主張，被漢武帝採納，儒學從此成為中國古代社會的正統思想。

知行合一的 王陽明

王守仁，即王陽明，明朝著名的思想家、文學家、哲學家。他提倡「致良知」，從自己的內心去尋找「理」，「理」全在人心；在知與行的關係上，強調「知行合一」。

妙手仁心的醫者

嘗百草的**神農**

相傳神農氏是三皇之一，他勤勞勇敢，被人們推舉為部落首領。

神農氏為了治病救人，決定嘗遍所有的草藥，傳說他曾在一天裏嘗了七十多種毒藥。因為他的恩德和功績，中國現存最早的醫學著作託名為《神農本草經》。

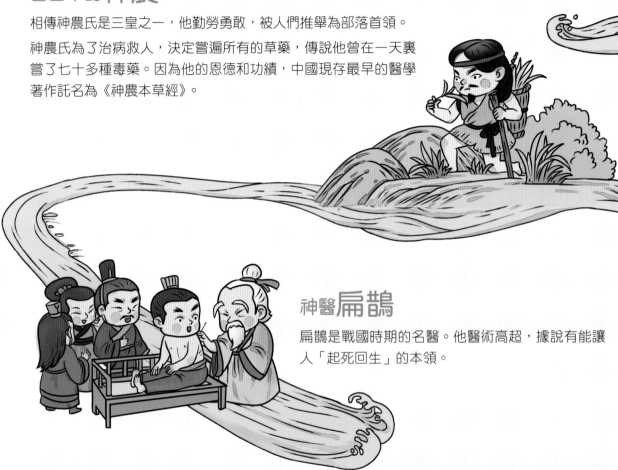

神醫**扁鵲**

扁鵲是戰國時期的名醫。他醫術高超，據說有能讓人「起死回生」的本領。

華佗發明麻沸散

華佗，東漢末年著名醫學家。他醫術全面，尤其擅長做外科手術。華佗發明了麻沸散。《三國演義》中為了突顯他的醫術，寫他曾為關羽刮骨療傷。

醫聖張仲景

張仲景，東漢末年著名醫學家，被後人尊稱為「醫聖」。張仲景廣泛收集醫方，寫出了傳世巨著《傷寒雜病論》。據說，餃子也是張仲景發明的，最開始叫「祛寒嬌耳湯」，由羊肉和驅寒藥物等包成，冬至這天吃了餃子就不會凍傷耳朵。

藥王孫思邈

孫思邈（miǎo），唐朝醫藥學家，被後人尊稱為「藥王」。孫思邈十分重視民間的醫療經驗，四處走訪積累，最終完成了傳世中醫巨作《千金要方》。

據說孫思邈曾經為唐太宗的長孫皇后懸絲診脈。

李時珍與《本草綱目》

李時珍，明朝著名醫藥學家。他曾在全國各地搜集藥物標本和處方，歷經二十七個寒暑，幾易其稿，終於完成了中醫巨作《本草綱目》。李時珍被後世尊稱為「藥聖」。

才智無雙的軍師

姜太公釣魚，願者上鉤

姜子牙是商末周初的智者。相傳，姜子牙72歲時在渭水之濱垂釣，遇到了求賢若渴的周文王，被封為太師。後來姜子牙輔佐周武王伐紂，建立了周朝。

孫武與《孫子兵法》

孫武是春秋時期著名的軍事家、政治家。其著作《孫子兵法》被譽為「兵學聖典」。

軍令如山
據說，孫武曾受命訓練吳王的宮女們，他指定吳王最寵愛的兩個美人當隊長，但宮女們不聽指揮，嘻嘻哈哈，孫武便下令處死了兩個隊長。此後，宮女們訓練時再也不敢掉以輕心了。

文韜武略的周瑜

周瑜是東漢末年孫權手下的大都督，曾聯合劉備的軍隊對抗曹操的軍隊，並在赤壁之戰中使用火攻打敗曹軍，可謂名副其實的軍事奇才。

運籌帷幄的張良

張良出身貴族，後來成為劉邦的軍師。他依靠自己過人的才智幫助劉邦解決了重重難題，輔佐劉邦一統天下，建立西漢。

神機妙算的諸葛亮

諸葛亮，字孔明，被稱為「臥龍」，是三國時期蜀國的丞相，傑出的政治家、軍事家、文學家。他曾發明木牛流馬、孔明燈等，並改造連弩，做成諸葛連弩。

過目不忘的劉伯溫

劉伯溫本名劉基，字伯溫，是明朝開國功臣，為明推翻元的統治出謀劃策。據說，他能一目十行、過目不忘。

驍勇善戰的名將

知錯能改的廉頗

廉頗是戰國末期趙國名將，他作戰勇猛，屢立戰功。廉頗曾對藺相如有誤會，誤會解除後，他便親自上門向藺相如負荊請罪。

抗金名將岳飛

岳飛是南宋名將，為收復宋朝失地，他揮師北伐。朝廷則一意求和，以十二道金牌將岳飛召回。在秦檜等奸臣的誣陷下，岳飛以「莫須有」的罪名被殺害。直到多年後，岳飛才得以平反昭雪，改葬西湖畔，當地人自發為他修建了岳王廟。

一飯千金
傳說，韓信落魄時有個老婆婆曾給他飯吃，後來韓信衣錦還鄉，贈送老婆婆千金以感恩。

「國士無雙」的韓信

韓信憑藉卓越的軍事才能幫助劉邦統一天下，建立西漢。後來他被劉邦懷疑功高蓋主、有謀反之意，最終被劉邦的皇后呂后所殺。

「殺神」白起

白起是戰國時期秦國名將，善用兵。他在秦昭王執政時期征討四方，為後來秦統一六國做出了貢獻。

「武聖」關羽

關羽，字雲長，因此也叫「關雲長」或「關公」，被後世尊崇為「武聖」。關羽是三國時期蜀國名將，忠肝義膽，本領高強。《三國演義》中，關羽的青龍偃月刀名揚天下，他曾用此刀在白馬之戰中斬殺袁紹大將顏良、文醜。

「常勝將軍」趙雲

趙雲，字子龍，三國時期蜀國名將。趙雲跟隨劉備將近三十年，先後參加和指揮過多場著名戰役，都取得了非常好的戰果，被稱為「常勝將軍」。《三國演義》裏，趙雲單槍匹馬，多次深入敵軍陣中，救出幼主劉禪。

抗倭名將戚繼光

明朝名將戚繼光在東南沿海抗擊倭寇十餘年，力保沿海人民的生命財產安全；後又在北方阻止蒙古部族南下十餘年，保衛了北部疆域的安全。

名揚天下的文豪

浪漫的愛國詩人屈原

屈原是戰國時期楚國詩人、政治家。他遭到貴族排擠、誹謗，被流放到外地。楚國都城被攻破的消息傳來後，屈原自沉於汨羅江，以身殉國。屈原是中國浪漫主義文學的奠基人，以其作品為主體的《楚辭》是中國浪漫主義文學的源頭之一。

漢賦大家司馬相如

司馬相如是西漢辭賦家，代表作有《子虛賦》《上林賦》等。他的作品辭藻華麗，結構宏大，所以他被後人稱為「賦聖」和「辭宗」。司馬相如與卓文君的愛情故事廣為流傳。

「書聖」王羲之

王羲之是東晉著名書法家，有「書聖」之稱。其書法博採眾長，且自成一家，影響深遠。其代表作《蘭亭序》被譽為「天下第一行書」。

「詩仙」李白

李白，字太白，號青蓮居士，是唐朝偉大的浪漫主義詩人，被後人譽為「詩仙」，與杜甫並稱「李杜」。李白為人爽朗大方，愛飲酒作詩、結交朋友。代表作有《望廬山瀑布》《行路難》《蜀道難》《將進酒》《早發白帝城》等。

「詩聖」杜甫

杜甫，字子美，自號少陵野老，是唐朝偉大的現實主義詩人。後人稱杜甫為「詩聖」，他的詩被稱為「詩史」。

「全才」蘇東坡

蘇軾，字子瞻，號東坡居士，世稱蘇東坡，北宋著名文學家、書法家、畫家，「唐宋八大家」之一。蘇軾是北宋中期的文壇領袖，在詩、詞、散文、書法、繪畫等方面都取得了很高的成就。他的詞開創了「豪放派」的詞風，世人將他與辛棄疾並稱「蘇辛」。

壯志難酬的辛棄疾

辛棄疾，字幼安，號稼軒，南宋詞人。他一生以收復河山、建功立業為志向，卻命運多舛（chuǎn）、壯志難酬。於是，他把滿腔激情和對國家前途、命運的關切，全部寄寓於作品之中。

落魄才子曹雪芹

曹雪芹出身於清朝內務府包衣世家，祖父是康熙時期的名臣曹寅。曹雪芹早年曾有過一段錦衣玉食的生活，但曹家家道中落，曹雪芹深感世態炎涼，對封建社會有了更清醒的認識。他以堅韌不拔的毅力，創作出了極具思想性、藝術性的文學名著《紅樓夢》。

創造歷史的發明家

黃帝 造車

黃帝是遠古華夏部落聯盟首領，被認為是中華民族的「人文初祖」。他在位期間，統一了華夏各部落，大力發展生產。據說黃帝是車船、水井、音律、醫學等許多事物的發明者。

嫘祖 紡織

嫘祖是黃帝的妻子，傳說她發明出種桑養蠶的技術，又教會人們養蠶、織絲和製衣。

養育蠶種

待蠶長大結繭後，收起蠶繭

蒸煮蠶繭的同時，抽出蠶絲

在織布機上將蠶絲織成絲綢

倉頡 造字

倉頡是黃帝時期造字的左史官，據說他受到鳥獸足印的啟發，創造出了文字。

杜康 釀酒

杜康又名少康，是中國古代傳說中的「釀酒始祖」，即第一個釀酒的人。後世將杜康尊為「酒聖」，並多以「杜康」一詞指代酒。

張衡與地震學

張衡是東漢時期的天文學家、地理學家。據說他改進了渾天儀，發明了地動儀。

渾天儀

蔡倫造紙

造紙術是中國古代四大發明之一。最早人們在龜背、石板等硬物上寫字，後來發展到用竹簡和絹帛。但竹簡太硬，刻字不方便；絹帛又十分珍貴，用來寫字非常不划算。東漢人蔡倫用樹皮、麻布、漁網等煮成漿，再放在模具裏晾乾製成紙來書寫。人們也把蔡倫改良的紙叫作「蔡侯紙」。

畢昇與活字印刷術

活字印刷術是古代的一種印刷方法。北宋時期的畢昇發明泥活字，標誌着活字印刷術的誕生。

祖沖之推算圓周率

祖沖之是中國南北朝時期傑出的數學家和天文學家。他首次將圓周率推算到小數點後第七位，他提出的「祖率」對數學研究有重大貢獻。

不屈不撓的英豪

李廣難封

李廣，西漢名將。在一次戰役中，李廣受傷被敵人俘虜，他裝作戰死的樣子，在途中趁敵人不注意一躍而起，策馬返回。敵人一向對他十分畏服，稱他為「飛將軍」，數年不敢來犯。在公元前119年的漠北之戰中，李廣因迷路未能參戰，獲罪自殺。李廣畢生都沒有被封侯。

壯志難酬的狄青

狄青，北宋名將。精於騎射、有勇有謀的狄青在宋夏戰爭中以披頭散髮、戴銅面具的形象衝鋒陷陣，成功震懾住了敵人，立下了卓越戰功。然而，在北宋重文抑武的背景下，狄青遭到皇帝的猜忌和文官集團的嫉妒、排擠。後來他被貶為陳州通判，抑鬱而終。

司馬遷著《史記》

西漢史學家司馬遷出身於史學世家，繼承父業出任太史令。他因替戰敗的李陵辯解而受到殘忍的宮刑。但司馬遷沒有因此而氣餒，仍然發奮著書，完成了我國第一部紀傳體通史《史記》。

老而彌堅的 顏真卿

顏真卿，唐朝名臣、書法家，他所創的「顏體」書法，對後世影響很大。安史之亂時，他曾率領義軍對抗叛軍。唐代宗時，他被封為魯郡公，人稱「顏魯公」。顏真卿老年時奉朝廷指派去向叛軍傳旨，面對叛軍的威逼利誘，他毫不妥協，最終被害。

功高蓋主的 蘭陵王

蘭陵王高長恭，本名高肅，是南北朝時期北齊的將領。據說由於他的容貌十分俊美，只好戴上面具來震懾敵人。在邙（Máng）山之戰中，蘭陵王率領騎兵突破敵軍包圍，成功解除金墉城之圍。然而，蘭陵王受到北齊皇帝高偉的猜忌，最後被賜毒酒而死。

耿直博學的 韓愈

韓愈，唐朝文學家，「唐宋八大家」之一。他 25 歲那年考中進士，直到 29 歲時才被任用。韓愈為官後因耿直進言，幾度被貶，甚至還因為極力勸阻皇帝迎佛骨而險些招來殺身之禍。

咬文嚼字

傳說，韓愈臨時代理京城的地方長官時，曾經遇到詩人賈島。賈島騎在驢背上苦思冥想一句詩：「鳥宿池邊樹，僧敲月下門。」他反覆思考「推」和「敲」二字哪個更好，還伸出手來比畫，不知不覺竟然衝撞了韓愈的儀仗隊。侍從將賈島推到韓愈面前，賈島解釋了「推、敲」之事。韓愈思考了好一會說道：「用『敲』字好。」兩人邊走邊談論作詩的方法，後來還成了好朋友。

巾幗不讓鬚眉

花木蘭

花木蘭替父從軍

相傳花木蘭是南北朝時期北魏的一名女子，她女扮男裝，代替年事已高的父親從軍打仗。木蘭在軍營裏待了許多年，經歷了常人無法忍受的艱苦生活，最終成功完成了自己的使命，並立下了赫赫戰功。

賢淑多才的文成公主

唐朝時，博學多才的文成公主把漢族的文化傳播到吐蕃，使吐蕃在經濟、文化等方面取得了長足發展。

第一位女將軍婦好

婦好是商王武丁的妻子，也是中國歷史上有據可查的一位有名的女將軍。她曾為武丁征戰四方，多次大勝敵軍。此外，武丁還命婦好承擔祭祀等重任，並讓她擁有了封地、財產和奴隸等。

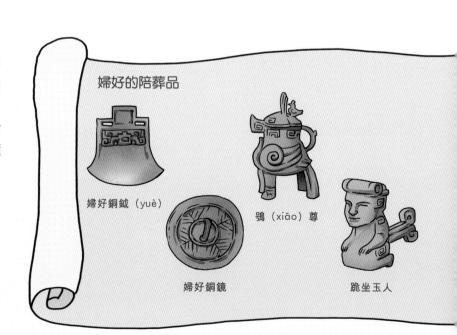

婦好的陪葬品

婦好銅鉞（yuè）

鴞（xiāo）尊

婦好銅鏡

跪坐玉人

雌雄莫辨
直到木蘭回到家中換回女裝，當年一起從軍的夥伴們才知道她原來是女子。

擂鼓抗金的 **梁紅玉**

梁紅玉是南宋著名女英雄，她的丈夫是名將韓世忠。相傳梁紅玉曾經親自擂鼓助威，助宋軍大勝金軍。

雷厲風行的 **蕭太后**

蕭綽是遼聖宗的母后，她頗具政治眼光，且行事果敢。

魚龍紋銅盤

陶塤（xūn）

象牙杯

玉韘（shè）

骨笄（jī）

玉梳

巾幗女將 **秦良玉**

秦良玉是明朝末年著名女將。因兒子年幼，她在丈夫被害後便代領夫職。她率領軍隊參加了多次戰役，戰功顯赫，被封為二品誥命夫人。

人見人愛的才子佳人

戲曲大師**湯顯祖**

湯顯祖，明朝戲曲家、文學家，代表作有「臨川四夢」——《牡丹亭》《紫釵記》《南柯記》《邯鄲記》。

古代第一美男 **潘安**

潘安是西晉著名文學家、政治家，被譽為「古代第一美男」。相傳他年輕時駕車走在街上，連老婦人都為之着迷，把水果往他的車裏丟，結果車裏堆滿了水果。

巾幗宰相**上官婉兒**

上官婉兒，唐朝女官、詩人。她是武則天倚重的「左膀右臂」，有「巾幗宰相」之名。她曾建議擴大書館，增設學士，還代朝廷品評天下詩文。
《全唐詩》收其遺詩三十二首。

七步成詩的 **曹植**

曹植是曹操的兒子，是三國時期著名文學家。據說，曹植的哥哥，即魏文帝曹丕妒忌他的才學，命他在七步之內作一首詩，結果曹植很快便吟出：「煮豆持作羹，漉菽以為汁。其在釜下燃，豆在釜中泣。本自同根生，相煎何太急？」意思是兄弟本是骨肉至親，為何要自相殘殺呢？曹丕聽了，只好放過了曹植。

屈原的弟子**宋玉**

宋玉是戰國時期宋國公子，據傳是屈原的弟子，繼承了屈原的衣缽，曾創作出多篇著名的辭賦。相傳，他的鄰居是當地最美的女子，曾經爬上高牆偷窺宋玉，宋玉卻不為所動。

風流才子**唐伯虎**

唐伯虎本名唐寅，是明朝著名畫家、書法家、詩人。唐伯虎在繪畫方面的成就尤為突出，與祝枝山等人並稱「江南四大才子」。

流離失所的**蔡文姬**

蔡文姬是東漢文學大家蔡邕的女兒。她擅長文學、音樂、書法。蔡文姬曾在戰亂中被擄走，多年後才得以重返故土。

婉約派女詞人**李清照**

李清照，宋朝女詞人，婉約詞派代表，其作品極具藝術性和思想性。

傾國傾城的美人

西施

西施是春秋時期越國美女，後世一般稱其為西子。傳說，她在江邊浣紗時，因為她的容貌太美，江裏的魚見了她都羞愧地沉到水底不敢出來。

貂蟬

《三國演義》中，貂蟬是王允的義女，能歌善舞的她幫助王允離間了暴虐的權臣董卓和其義子呂布。傳說貂蟬的美貌可以讓天上的月亮躲到雲彩後面去。

昭君

王昭君，西漢美女，由民間入宮成為宮女。據說她因不願賄賂宮廷畫師而被畫成醜女，沒能成為後宮妃子。後來匈奴首領呼韓邪單于來朝見漢元帝並自請為婿，昭君自願和親。在和親路上，昭君的美貌驚得天上的大雁都落了下來。

飛燕能為掌上舞

趙飛燕是漢成帝的第二任皇后。據說她非常苗條，體態輕盈，甚至能在手掌大小的地方跳舞。

傾國傾城的陳圓圓

陳圓圓，明末清初人，「秦淮八艷」之一，是吳三桂的愛妾。相傳李自成攻破北京後擄走了陳圓圓，吳三桂衝冠一怒為紅顏，引清軍入關。

貴妃楊玉環

楊玉環，唐玄宗李隆基的妃子，也稱「楊貴妃」。她善歌舞，通音律。傳說，只需她輕輕一碰，花園裏的花就羞得「低下頭去」。

機智過人的神童

少年丞相甘羅

甘羅，戰國時期秦國著名的少年政治家，自幼聰明過人，12 歲時出使趙國，用計讓秦國得到十幾座城池。甘羅因此被嬴政（後來的秦始皇）任命為上卿，並得到田地、住宅等賞賜。

孔融讓梨

東漢名士孔融是孔子的第二十世孫。他少年時便有出眾的才能，受到當時很多名人的讚許。據說 4 歲的孔融和兄弟們一起吃梨時，只拿最小的梨吃，父親好奇地詢問他原因，他回答說：「我是小孩子，理應拿小的。」

曹沖稱象

曹沖是曹操的兒子，他從小就聰慧過人，深受曹操喜愛。據說在曹沖五六歲時，有一次，曹操想知道一頭大象的重量，但周圍的人都沒有稱象的辦法。曹沖說：「把象放到大船上，沿着水面在船舷上做一個記號，再把大象趕上岸，往船上裝石頭，直到船沉到做了記號的地方為止。最後，稱一稱船上的石頭，就能知道大象的重量了。」曹操聽了很高興，馬上命人照這個辦法去做。

小小詩人駱賓王

駱賓王是唐朝著名詩人，與王勃、楊炯、盧照鄰合稱「初唐四傑」。駱賓王出身於寒門，7 歲能作詩，據說著名的《詠鵝》就是他 7 歲時所作。

司馬光砸缸

司馬光是北宋著名政治家、文學家。據說，他小時候有一次跟小夥伴們玩，有個小孩掉進了一口大水缸裏。司馬光急中生智，從地上撿起一塊大石頭，使勁向水缸砸去。水流出來後，小孩得救了。

黃香溫席

東漢名士黃香從小知書達理。在炎熱的夏天，他用扇子扇涼席子再讓父親睡；到了冬天，他則先鑽進被窩替父親把被子焐暖。

文彥博灌水浮球

文彥博是北宋著名政治家、書法家。據說，他小時候和小夥伴踢球，一不小心，把球踢進了樹洞裏。當大家都束手無策時，文彥博把水灌入樹洞中，使球浮出。

令人惋惜的方仲永

方仲永，北宋人，家裏世代耕田為生，幼年時天資過人，卻因父親無知，長大後成為普通人。王安石在《傷仲永》一文中哀歎他「泯然眾人矣」。

傳說中的上古大神

盤古 開天地

傳說很久很久以前，天和地還是一片混沌，有個叫盤古的巨人，用一把斧頭劈開了
天地。天和地分開以後，盤古怕它們還會重新合在一起，就頭頂着天，腳踩着地。
天每天升高一丈，盤古也隨之長高。這樣不知過了多少年，天和地最終成形。

燧人氏 鑽木取火

傳說，在森林中居住的燧人氏
看見許多鳥在啄樹木，每啄一
下，就有火光發出。於是，他
受到啟發，試着用小樹枝來鑽
木，果然鑽出了火來。

女媧 造人

相傳，天地開闢之初，大地上並沒有人類，
是女媧用黃泥照着自己的樣子造出了人。她
一個一個地捏泥人，幹得又忙又累，於是就
將樹枝投入泥漿中，再舉起來一甩，泥漿灑
落在地上，就變成了一個個人。

羲和 浴日

在古代傳說中，有位女神名叫羲和，她有 10 個孩子，也就是 10 個太陽。羲和常常帶着太陽們在甘淵洗澡，甘淵的水十分甘美，把太陽們洗得乾淨明亮。

后羿 射日

遠古的時候，10 個太陽一起出現在天空中。陽光烤焦了森林，烘乾了大地，給人間帶來了災難。這時，有個叫后羿的英雄挺身而出，他張弓搭箭，向太陽射去。最終，天上只留下了一個太陽，人間又恢復了正常。

堯舜 禪讓

相傳，堯是上古部落聯盟的首領，以賢德著稱，獲得了天下百姓的愛戴與擁護。堯在位七十多年後，召開會議討論繼承人的問題。大家都推舉舜，說他是個德才兼備的人。堯把自己的兩個女兒娥皇、女英嫁給舜，並經過多年考察後，將帝位禪讓給了舜。

大禹 治水

傳說古時候黃河氾濫，鯀、禹父子二人先後受命於堯、舜，負責治水。面對滔滔洪水，禹從鯀治水的失敗中汲取教訓，改變了「堵」的辦法，對洪水進行疏導。禹為了治理洪水，長年在外與民眾一起奮戰，三過家門而不入。他耗盡心血，最終完成了治水的大業。

人物匯總（按字母順序）

B

白起 —— 功高震主的名將

包拯 —— 包青天

畢昇 —— 活字印刷術發明者

扁鵲 —— 神醫

C

蔡倫 —— 造紙術改良者

蔡文姬 —— 顛沛流離的才女

曹操 —— 雄才大略的亂世梟雄

曹沖 —— 稱象神童

曹丕 —— 「冷酷無情」的兄長

曹雪芹 —— 歷經坎坷的文學家

曹植 —— 才高八斗的文學家

倉頡 —— 造字聖人

陳圓圓 —— 影響歷史走向的女子

成湯 —— 禮賢下士的國君

崇禎 —— 勤勉努力的亡國皇帝

D

妲己 —— 紂王的寵妃

狄青 —— 戴面具的勇將

貂蟬 —— 有「閉月」之稱的美女

董仲舒 —— 提升儒家歷史地位的大臣

董卓 —— 挾天子以令諸侯的權臣

杜甫 —— 詩聖

杜康 —— 酒神

F

方仲永 —— 令人惋惜的「神童」

婦好 —— 第一位女將軍

G

高長恭 —— 蘭陵王

甘羅 —— 少年宰相

關羽 —— 武聖

光武帝 —— 光復漢室的皇帝

H

韓信 —— 國士無雙的神帥

韓愈 —— 中國「文藝復興」的倡導者

漢文帝 —— 開創盛世的仁君

漢武帝 —— 開疆拓土的皇帝

和珅 —— 有名的大貪官

花木蘭 —— 替父從軍的女英雄

華佗 —— 外科神醫

黃帝 —— 中華民族的「人文初祖」

黃香 —— 溫席孝子

后羿 —— 射日英雄

J

晉文公 ——「老來當國君」的霸主

姜子牙 —— 兵學奠基人

K

康熙 —— 在位時間最長的皇帝

孔融 —— 四歲讓梨的名士

孔子 —— 儒家創始人

L

老子 —— 道家創始人

嫘祖 —— 首創養蠶繅絲之法

李白 —— 詩仙

李廣 —— 飛將軍

李克用 —— 飛虎子

李清照 —— 宋朝第一女詞人

李時珍 —— 潛心著書的醫藥學家

梁紅玉 —— 擊鼓抗金的女英雄

劉邦 —— 從小吏到皇帝

劉備 —— 賣草鞋的劉皇叔

劉伯温 —— 才智無雙的軍師

駱賓王 —— 七歲成名的直率才子

廉頗 —— 知錯能改的老將

林則徐 —— 虎門銷煙的英雄

呂布 —— 有勇無謀的猛將

M

孟子 —— 儒家代表人物

明成祖 —— 永樂大帝

墨子 —— 墨家創始人

N

女媧 —— 中國神話中的創世女神

P

潘安 —— 古代第一美男

盤古 —— 開天闢地的巨人

人物匯總（按字母順序）

Q

戚繼光 —— 抗倭英雄

齊桓公 —— 春秋五霸之首

秦二世 —— 傀儡皇帝

秦檜 —— 禍國殃民的奸臣

秦良玉 —— 名留青史的巾幗英雄

秦始皇 —— 中國歷史上第一個皇帝

屈原 —— 浪漫主義詩人

S

司馬光 —— 誠信一生的名士

司馬遷 —— 太史公

司馬相如 —— 賦聖

蘇軾 —— 多才多藝的文豪

宋玉 —— 屈原的弟子

宋徽宗 —— 創立「瘦金體」的昏君

隋文帝 —— 終結百年亂世的皇帝

隋煬帝 —— 好大喜功的暴君

燧人氏 —— 鑽木取火的發明者

孫權 —— 坐鎮一方的江東領袖

孫思邈 —— 藥王

孫武 —— 兵家代表人物

上官婉兒 —— 武則天的左膀右臂

商紂王 —— 力氣大的暴君

神農 —— 嘗百草的聖人

舜 —— 孝行感動天地的孝子

T

湯顯祖 —— 才華橫溢的戲曲大師

唐伯虎 —— 能書善畫的風流才子

唐太宗 —— 從諫如流的明君

鐵木真 —— 成吉思汗

W

王莽 —— 謀朝篡位的權臣

王羲之 —— 書聖

王陽明 —— 知行合一的哲學家

王昭君 —— 出塞和親的美女

魏徵 —— 著名諫官

魏忠賢 —— 臭名昭著的「九千歲」

文成公主 —— 促進文化交流的唐朝公主

文彥博 —— 為國為民的賢相

武則天 —— 第一個女皇帝

X

羲和 —— 太陽女神

西施 —— 天生麗質的美女

夏桀 —— 有名的暴君

蕭太后 —— 遼朝的女中豪傑

項羽 —— 不可一世的霸王

辛棄疾 —— 壯志難酬的愛國詞人

Y

堯 —— 開創禪讓制

顏真卿 —— 剛正忠義的書法大家

楊玉環 —— 羞花的美人

雍正 —— 勤政為國的皇帝

于謙 —— 兩袖清風的名臣

禹 —— 治水專家

岳飛 —— 宋代抗金的名將

越王勾踐 —— 臥薪嘗膽的君主

Z

祖沖之 —— 貢獻巨大的數學家

趙飛燕 —— 善舞的皇后

趙高 —— 指鹿為馬的奸臣

趙雲 —— 常勝將軍

張衡 —— 有多項發明的天文學家

張良 —— 運籌帷幄的名相

張仲景 —— 醫聖

朱溫 —— 大唐王朝的終結者

朱熹 —— 宋代儒學集大成者

朱元璋 —— 出身平民的皇帝

莊子 —— 道家代表人物

周武王 —— 得人心的君主

周幽王 —— 烽火戲諸侯的昏君

周瑜 —— 足智多謀的儒將

諸葛亮 —— 神機妙算的丞相

大人物

印務　劉漢舉

排版　鄧佩儀

裝幀設計　鄧佩儀

責任編輯　夏柏維

趣味歷史繪本

100 歷史大人物

陳麗華◎主編　冷忠河◎繪

出版｜中華教育

香港北角英皇道 499 號北角工業大廈 1 樓 B 室
電話：(852) 2137 2338　傳真：(852) 2713 8202
電子郵件：info@chunghwabook.com.hk
網址：http://www.chunghwabook.com.hk

發行｜香港聯合書刊物流有限公司

香港新界荃灣德士古道 220-248 號　荃灣工業中心 16 樓
電話：(852) 2150 2100　傳真：(852) 2407 3062
電子郵件：info@suplogistics.com.hk

印刷｜美雅印刷製本有限公司

香港觀塘榮業街 6 號海濱工業大廈 4 字樓 A 室

版次｜ 2022 年 9 月第 1 版第 1 次印刷
©2022 中華教育

規格｜ 16 開（230mm x 190mm）

ISBN｜ 978-988-8807-97-0